Dieser **BLOCK** gehört

_____

NAME

Über den Quick-Start-Block

In diesem Block erlebst du Schmuckelemente ganz in ihrem Element. Sie sind die meist kleinen verzierenden Begleiter von Letterings und können ganz unterschiedliche Funktionen haben. Nicht nur als Lückenfüller wirken sie sehr dekorativ, sie können deinem Lettering auch einen schönen Rahmen geben, einzelne Wörter hervorheben, Sprüche auflockern oder Botschaften unterstreichen – Schmuckelemente sind zweifelsohne das i-Tüpfelchen eines jeden Handletterings.

Ich zeige dir hier, welche grundlegenden Arten von Schmuckelemente es gibt, wie du Schritt für Schritt Banner, Blumen, Rahmen, kleine Illustrationen und Co. zeichnest und wie du sie am besten platzieren kannst. Die Theorie und die Praxis in diesem Block helfen dir schließlich, auch deine eigenen Schmuckelemente zu kreieren.

Du findest nicht nur Übungen, sondern auch schöne Anwendungen wie z. B. Postkarten, Grußkarten, Anhänger, Lesezeichen etc., die du nach ihrer Fertigstellung aus dem Block heraustrennen und verschenken kannst.

Lege direkt los, indem du erst einige Schmuckelemente nachziehst und dann selbst kleine Letterings verzierst. Für die Arbeiten in diesem Block benötigst du nur ein paar farbige Filzstifte und Fineliner, den ein oder anderen Pinselstift (Brush Pen), evtl. Buntstifte und einen hellen Gelstift.

Ich wünsche dir nun ganz viel Spaß und dass du viele neue Möglichkeiten entdeckst, wie du deine Letterings verzieren kannst.

RUTH LANGE

Kleine Anfangsübung

Fahre die Schmuckelemente zunächst einmal mit einem Filzstift oder Fineliner nach und nutze jeweils den Platz daneben, um weitere zu ergänzen.

Es muss nicht immer viel sein

Oft ist weniger einfach mehr, deshalb zeige ich dir in diesem Block, wie du dein Lettering schon mit wenigen Schmuckelementen in Szene setzen kannst. Fange mit einfachen Tropfen, Linien, Herzen, Sternen und Punkten an. Auch in komplexeren Gestaltungen kommen diese Schmuckelemente als Fülllelemente immer wieder vor.

DU HAST es geschafft

Mama IST DIE Beste

sei Stolz AUF DICH

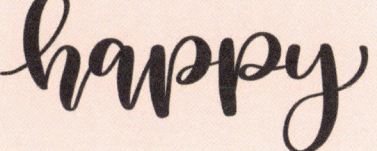

happy

Die rosafarbenen Flächen geben dir eine Hilfestellung, wo die Schmuckelemente platziert werden können.

DU HAST ES
geschafft

Mama
IST DIE
Beste

sei
Stolz
AUF DICH

happy

Fahre zum Warmmachen zunächst jeweils die grauen Linien der Letterings mit einem Fineliner oder Filzstift nach, bevor du die einfachen Schmuckelemente ergänzt. Du kannst dafür auch gerne farbige Stifte einsetzen.

Gerades Banner

Banner zählen zu meinen Lieblings-Schmuckelementen beim Handlettering. Sie lockern eine Reihe von Wörtern wunderbar auf, können Worte hervorheben und bringen Bewegung ins Gesamtbild.

Es gibt symmetrische und asymmetrische Banner. Das erste Banner, das du hier üben kannst, ist das symmetrische gerade Banner. Du brauchst hierfür nur einen Fineliner oder Filzstift. Da die verschiedenen Banner alle ähnlich aufgebaut sind, wirst du den Dreh mit etwas Übung schnell raushaben.

Tipp

Achte besonders darauf, dass das Banner stets gleich breit bleibt, vorne sowie hinten.

Fahre die abgebildeten Banner nach und vervollständige sie. Zeichne dann auch frei Hand eigene Banner.

Gebogenes Banner

Das gebogene Banner hat die gleiche Schrittfolge wie das gerade Banner, nur mit einem wichtigen Unterschied: Das Banner sieht nicht mehr gefaltet aus, sondern wie ein geschwungenes Band. Aus diesem Grund verläuft der Übergang vom vorderen zum hinteren Bannerteil S-förmig.

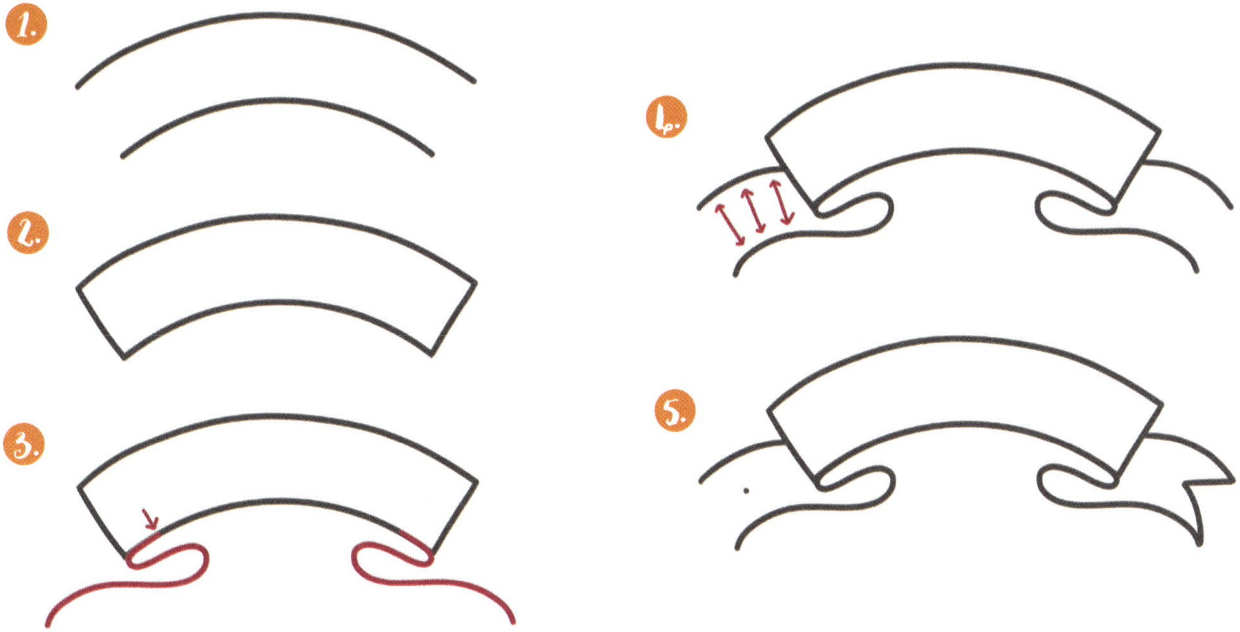

1.

2.

3.

4.

5.

Tipp

Wichtig ist, dass die S-Form nicht über den Rand des Vorderteils hinausschießt. Hilfreich ist es daher, schon ein Stück vor der Kante zur S-Form anzusetzen.

Ziehe auch hier erst wieder die Banner mit einem Filzstift nach und vervollständige sie. Zeichne anschließend weitere Banner.

Wellenbanner

Das asymmetrische Wellenbanner folgt trotz der wellenartigen Form wieder der gleichen Vorgehensweise wie bei den beiden anderen Bannern. Dieses Wellenbanner kann auch gut verlängert werden, indem du gleich bei der ersten Linie eine Anreihung von S-Formen zeichnest. Es eignet sich besonders gut, wenn ein Banner für mehrere kurze Wörter gebraucht wird.

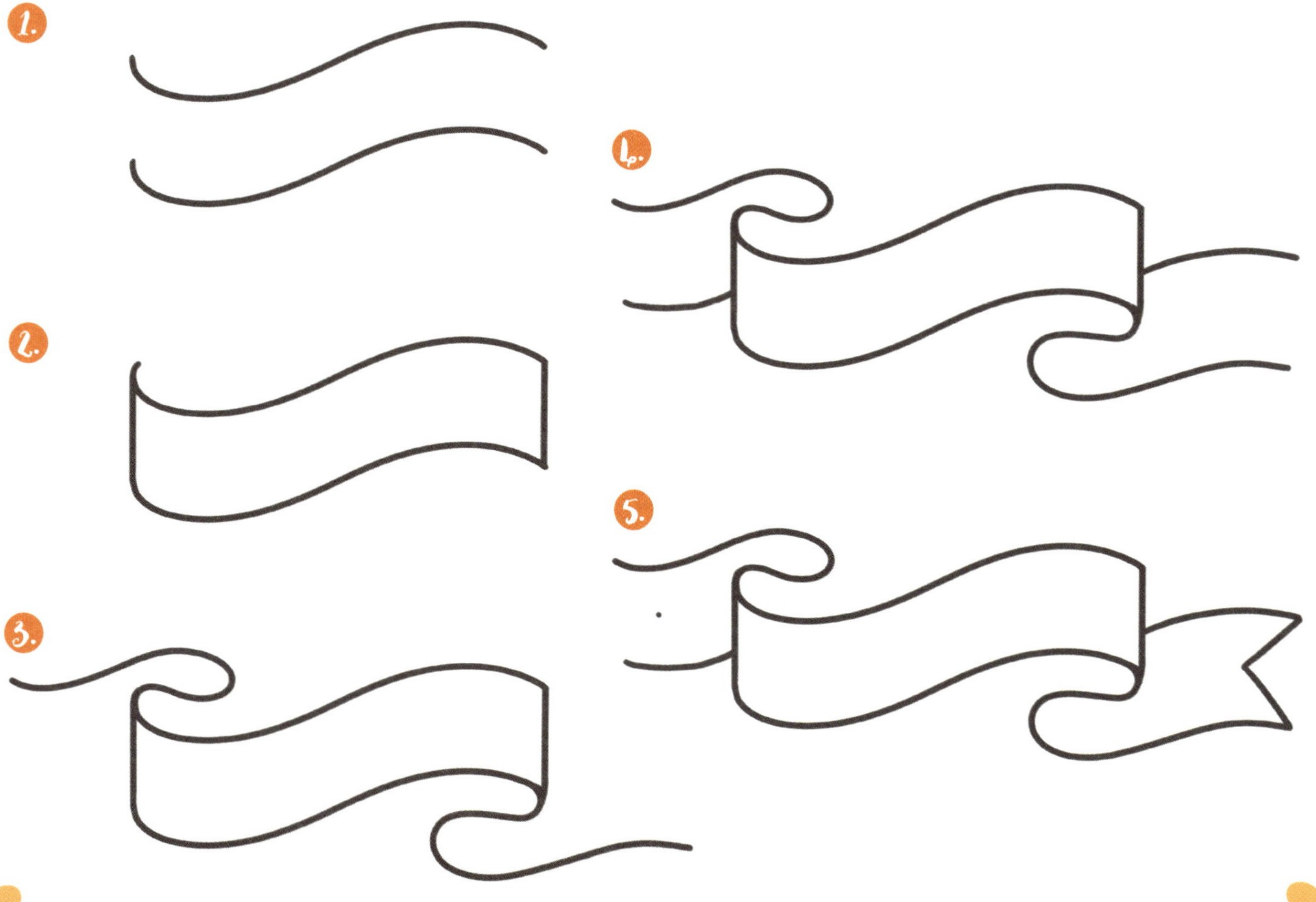

1.

2.

3.

4.

5.

Ziehe die Linien beider Banner erst nach und vervollständige sie. Versuche dann weitere frei Hand zu zeichnen.

Mehrfaches Banner

Diese Art von Banner lehnt an das Wellenbanner an. Setze es z. B. dann ein, wenn du mehrere kleine Wörter in einer Zeile hintereinander unterbringen und schön verpacken möchtest. Bei diesem Banner ist die Ausnahme, dass du zum Zeichnen schon am äußersten Punkt ansetzt und dann die Menge an Bögen zeichnest, die dein Banner haben soll. Drei bis vier Wellen ist das Gängige. Es kann dann mit zwei oder drei Wörtern gefüllt werden und bleibt überschaubar.

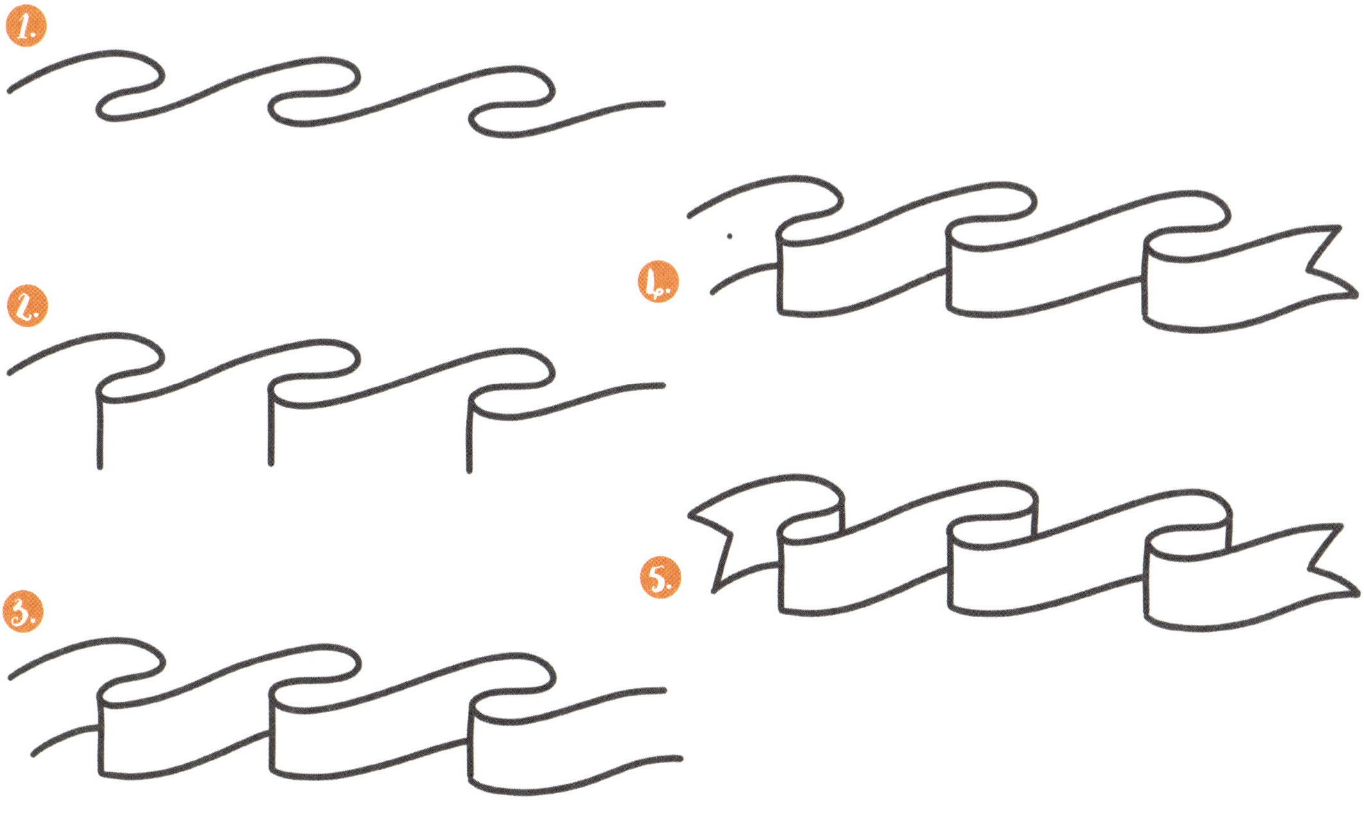

1.

2.

3.

4.

5.

Fahre erst die Banner nach und ergänze die fehlenden Linien. Zeichne dann anschließend frei Hand eigene Banner darunter.

Banner mit Wörtern füllen

Um ein Banner gleichmäßig mit einem Wort zu füllen, ist es ratsam, das Wort von der Mitte nach außen hin in beide Richtungen zu schreiben. Großbuchstaben oder auch nicht zusammenhängende Kleinbuchstaben eignen sich zum Befüllen am besten. Der mittlere Buchstabe soll also zuerst in die Mitte des Banners gesetzt werden. Das passt natürlich nur, wenn das Wort eine ungerade Zahl an Buchstaben hat. Hat es eine gerade Anzahl an Buchstaben, müssen die zwei mittleren Buchstaben in der Mitte des Banners platziert werden.

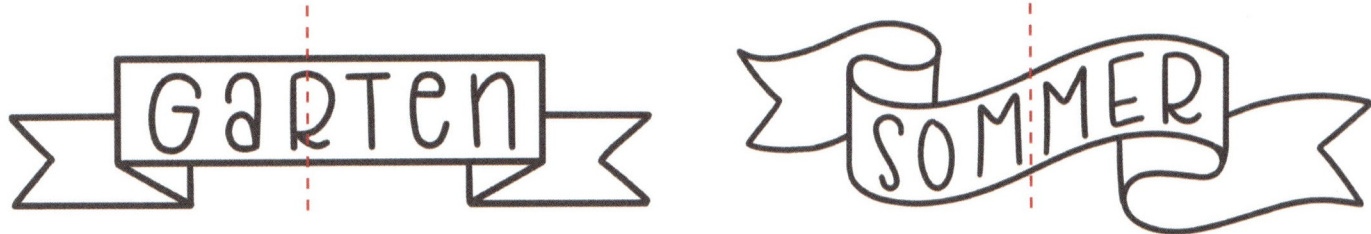

Weiter ist es wichtig auf die Form des Banners zu achten. Wenn du das gebogene Banner benutzen möchtest, werden die Buchstaben aufgefächert, d. h. in einem gewissen Winkel gezeichnet. Im Wellenbanner hingegen bleiben die Buchstaben alle gerade.

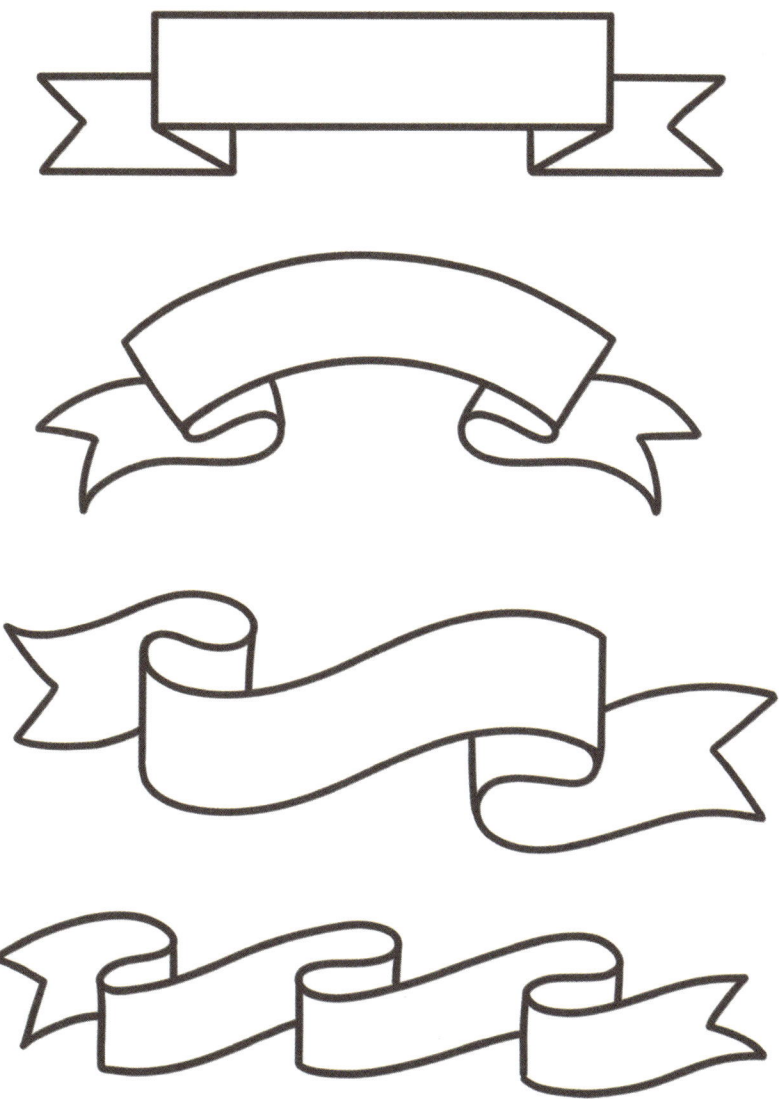

Beschrifte die Banner mit Wörtern wie Party, Glückwunsch, Mama, Für Dich (mehrfaches Wellenbanner). Nutze dafür einen Filzstift oder einen dünnen Brush Pen.

Schön, dass du da bist

Gestalte nun dein erstes kleines Lettering mit einem mehrfachen Wellenbanner. Ziehe das Banner auf der unteren Seite mit einem Filzstift nach, fülle es mit den Worten „dass, du, da" und ergänze das Bild mit den Worten „Schön" und „bist" in geschwungener Handlettering-Schrift. Nutze dafür einen Brush Pen.

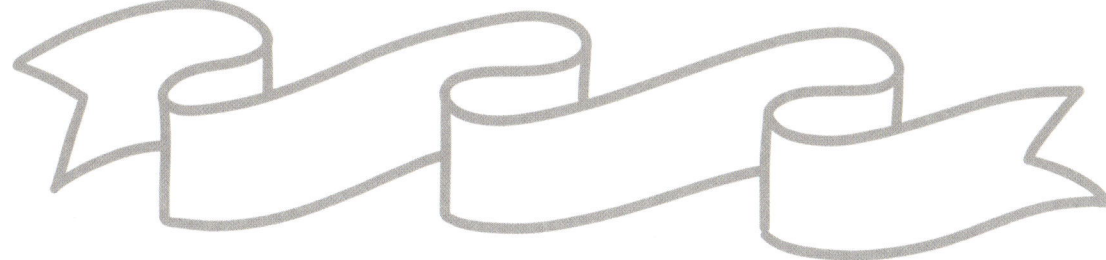

Angedeutete Banner

Offene oder angedeutete Banner eignen sich perfekt für kurze Füllwörter wie z. B. die, der, das, mit, ohne, wie, dass usw.

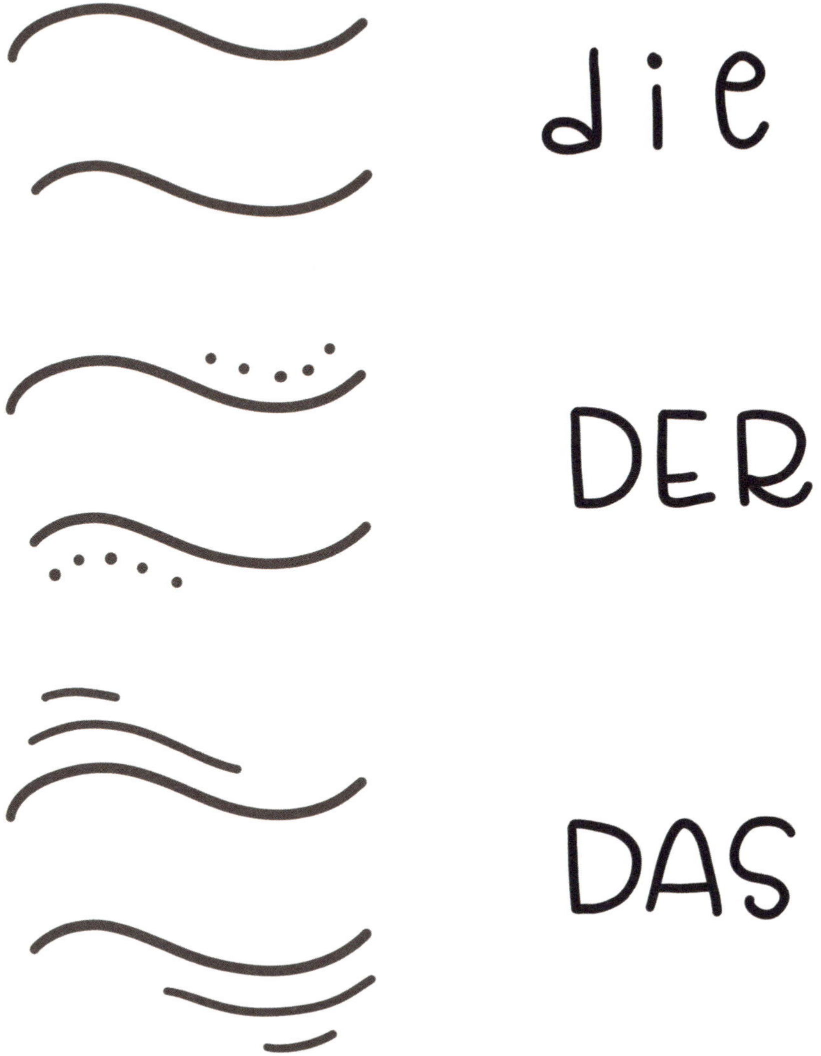

die

DER

DAS

Und jetzt du: Lettere in die angedeuteten Banner auf der linken Seite Füllwörter, zeichne um die Worte in der Mitte weitere angedeutete Banner und nutze den Platz rechts, um eigene Ideen für weitere angedeutete Banner auszuprobieren.

Wimpelketten

Wimpelketten setzen einen verspielten, fröhlichen Akzent in deinem Lettering. Du kannst sie einfarbig oder bunt gestalten, sie mit Mustern verzieren oder auch mit Buchstaben füllen. Da wir Wimpelketten als hängende Dekoration kennen, macht es Sinn, dass sie oben oder am Anfang eines Letterings genutzt wird. Ein Banner hingegen kann auch weiter unten in einem Layout angewendet werden. Du kannst eine Wimpelkette vom Rand einer Karte aus malen oder ungebunden und an den Enden mit kleinen Schleifen verziehen.

Vervollständige die Wimpelketten und fülle die bunten Wimpel mit Buchstaben sowie die untere mit Mustern aus. Darunter bleibt noch Platz für eigene Banner.

Enjoy the little things

Unten findest du einen kleinen Spruch mit einer Wimpelkette zum Nach-
malen. Male die Wimpel bunt aus und fahre den Text mit einem Filzstift oder
feinerem Brush Pen nach. Wenn du das Bild aufhängen möchtest, kannst du
die Seite heraustrennen und den Spruch rahmen.

ENJOY

THE LITTLE
THINGS

Rahmen

Rahmen können ein Lettering sehr schön in Szene setzen. Diese eher eckigen Rahmen kannst du von der Größe her gut variieren, damit sie für quadratische oder rechteckige Designs genutzt werden können. Ob du den Rahmen eher schlicht oder verschnörkelt gestaltest, hängt davon ab, welche Buchstabenformen du für dein Lettering gewählt hast. Letztlich ist alles erlaubt, was gefällt.

Ziehe auf der unteren Seite die Rahmen nach und fülle sie mit geletterten Wörtern oder Sprüchen.

HOME
Sweet
HOME

Rahmen füllen

Hier kannst du nun frei Hand einige Rahmen um die Worte und Sprüche ziehen. Meistens ist es so, dass zuerst gelettert und dann zum Schluss überlegt wird, wie man das Ganze jetzt noch schmücken kann.

Verwende für die untere Seite die schon geübten Rahmen, um sie ohne Vorlage um die Letterings zu zeichnen oder denke dir selbst ein paar kreative Rahmengestaltungen aus.

heute
IST MEIN
LIEBLINGSTAG

you
&
me

SEI EINFACH
DU
SELBST

YAY

Ecken verzieren

Ähnlich wie bei den Rahmen kannst du ein Lettering mit kleinen Schmuck-elementen in zwei oder vier Ecken des Layouts verschönern. Diese Ecken deuten einen Rahmen an, sind aber schneller und einfacher zu gestalten, da die einzelnen Ecken nicht perfekt verbunden werden müssen.

Nutze verschieden farbige Filzstifte oder Fineliner, um die Worte nachzuziehen und die Ecken mit Schmuckelementen zu füllen. Suche dir eigene Worte für die Anhänger, die noch nicht beschriftet sind. Die fertigen Anhänger kannst Du dann wunderbar ausschneiden, lochen und mit einem schönen Band versehen an Geschenken anbringen.

Englisch

Spanisch

Italienisch

thanks

gracias

grazie

danke

Tack

merci

Deutsch

Schwedisch

Französisch

Um das Thema Rahmen und Ecken noch etwas abzurunden, kannst Du auf dieser Seite Rahmengestaltungen üben, die sich auf eine Kreisform beziehen. Hierbei kann der gesamte Randbereich durchgehend gestaltet werden oder auch offener gehalten sein. Fahre die Worte und Schmuckelemente mit einem Fineliner nach und ergänze eine eigene Randgestaltung bei der schwedischen Variante.

Verzieren mit Tropfen, Bögen & Schnörkeln

Hier zeige ich dir eine meiner Lieblingsmethoden, mit der man mit ganz einfachen Schmuckelementen, wie Tropfen und Bögen, ein üppiges Design gestalten kann. Du erfährst Schritt für Schritt, wie diese Art von Verzierung aufgebaut wird. Danach probierst du es selbst aus. Am Anfang wirkt es vielleicht etwas aufwendig und kompliziert, aber wenn du verstehst, wie es funktioniert, hast du mit etwas Übung den Dreh schnell raus; dann kannst du diese Methode für verschiedenen Designs anwenden.

1. Schreibe zunächst ein Wort mit einem Brush Pen.

2. Nutze ab jetzt am besten einen Stift mit einer runden Spitze (z. B. Filzstift). Ziehe als Erstes mit etwas Abstand zum Wort Bögen dorthin, wo die Buchstaben auch Kurven aufzeigen. Dieser Bogen kann auch zwei Buchstaben umfassen.

3. Als Nächstes zeichnest du mit etwas Abstand zu der ersten Reihe von Bögen abgerundete V-Linien, die sich an den Zwischenräumen der ersten Bögen orientieren. Es fängt an wolkenartig auszusehen.

4. Ergänze noch ein paar kleine Bögen, um das Design etwas „runder" werden zu lassen. Du füllst also hier und da ein paar Lücken.

5. Als Letztes fügst du kleine Tropfen hinzu, einzelne, in Zweier- oder in Dreiergrüppchen. Diese passen am besten über die Mitte eines der V-Bögen oder in weitere Zwischenräume. Schau nach, ob die Tropfen-Verteilung gleichmäßig ist, ansonsten füge noch ein weiteres Pärchen hinzu.

Und jetzt bist du an der Reihe! Fahre die Verzierungen Schritt für Schritt nach und versuche es bei dem zweiten „Party" dann selbst.

Schön, dass es dich gibt

Hier hast du eine weitere Möglichkeit, um das gerade Gelernte zu üben. Arbeite das Lettering mit den Schmuckelementen auf der unteren Seite Schritt für Schritt nach. Wenn du magst, kannst du das Blatt dann heraustrennen und z. B. gerahmt verschenken.

Tipp

Zeichne alle Elemente erst mal leicht mit Bleistift vor. Wenn du mit der Skizze zufrieden bist, kannst du sie mit beliebigen Stiften nachziehen und den Bleistift nach komplettem Trocknen der Farbe (5 bis 10 Minuten) wegradieren.

Schön
DASS ES DICH
gibt

Flächig verzieren

Du kannst auch die komplette Fläche um ein Lettering herum (das ganz Blatt) mit kleinen Verzierungen schmücken. Hier ist es wichtig, einen guten und gleichmäßigen Abstand zwischen den einzelnen Elementen zu halten. Anhand der verschiedenen Farben, die dir die Reihenfolge der Vorgehensweise bei dem flächigen Designs verdeutlichen, kannst du den Arbeitsprozess genau nachvollziehen. Arbeite auf der unteren Seite die Elemente Schritt für Schritt gemäß der angegebenen Farbfolge nach. Nutze hierfür am besten eine Farbe für alle Verzierungen.

1   2   3   4   5

Schnörkel mit Schwung

Vielleicht kennst du diese liegende Acht, wie ich sie gerne nenne, schon aus der Kalligrafie. Diese Art Schnörkel kann man wunderbar zum „Unterstreichen" von Wörtern nutzen oder auch, um ein Wort einzurahmen, d. h. wenn der Schnörkel dann auch über dem Wort eingesetzt wird. Die Anzahl der Bögen im Schnörkel können beliebig variiert werden. Wichtig ist nur, dass er bei mehreren Bögen trichterartig (also wie bei einem umgekehrten Dreieck), d. h. nach unten schmal zuläuft.

Tipp

**Drehe das Blatt am besten
um 180°, wenn du den oberen
Schnörkel zeichnen willst. So
gelingt er mir immer am
besten.**

Ziehe zunächst die grauen Schnörkel nach, um ein Gefühl dafür zu bekommen. Zeichne anschließende eine Variante des Schnörkels oberhalb und unterhalb von „Lenn".

Lettering mit Schatten

Eine Schattenlinie kann ein Wort schön hervorheben. Um Schattenlinien richtig anzuwenden, musst du dich erst entscheiden, wo deine imaginäre Sonne oder dein Licht herkommen soll. Denn wo Licht ist, ist auch Schatten. Je nachdem woher das Licht kommt, fällt der Schatten anders.

Wenn die Sonne z. B. mittig links sitzt, dann wird der Schatten auf der rechten Seite jeder einigermaßen vertikalen Linie (ob dick oder dünn) sein.

Sitzt die Sonne rechts in der oberen Ecke, fällt ein Schatten auf der linken Seite jeder vertikalen Linie, wie auch unter den horizontalen Linien deiner Buchstaben.

Schön

DANKE

MEER

Orientiere dich an den Beispielen oben und ziehe die Schattenlinien mit einem kleinen Abstand dicht ans Wort. Nutze hierfür einen Filzstift.

Weitere Schatten- und 3D-Effekte

Es gibt noch einige andere Möglichkeiten, um Wörtern Schatten bzw. etwas Tiefe zu geben. Dafür benötigst du immer genügend Platz, d. h. die Buchstaben müssen dementsprechend weit auseinanderstehen.

Die Schattenlinien sind mit einem hellen Brush Pen direkt an die Buchstaben gemalt

Für diesen 3D-Effekt zeichnest du von jedem Eckpunkt aus kleine, gleichlange Linien im 45°-Winkel. Die Endpunkte dieser Linien werden dann einfach mit vertikalen Linien verbunden.

Kleine Strichelchen sind ungefähr im 45°-Winkel an das Wort gesetzt. Da diese Art von Schatten sehr aufwendig ist, verwende sie eher für kurze Wörter.

DANKE

MEER HI

Jetzt bist du am Zug! Probiere hier die verschiedenen Möglichkeiten einmal aus und orientiere dich dabei an den Beispielen auf der oberen Seite. Versuche es anschließend mit eigenen geletterten Wörtern.

Blätter und Zweige

Jeder hat seine eigenen Vorlieben, was Schmuckelemente angeht, aber florale Elemente wie Blätter und Zweige dürfen im Repertoire der schmückenden Illustrationen nicht fehlen. Sie können ganz unterschiedliche Formen haben und passen einfach zu vielen Anlässen. Daher ist es immer gut, eine Auswahl an Blättern und Zweigen zeichnen zu können. Sie lassen sich sowohl als einzelnes Element einsetzen, als auch zu kleinen Sträußen oder Kränzen kombinieren. Blätter dienen oft als Füllmaterial, helfen Blumen in Szene zu setzen, aber können sich auch wunderbar einzeln präsentieren.

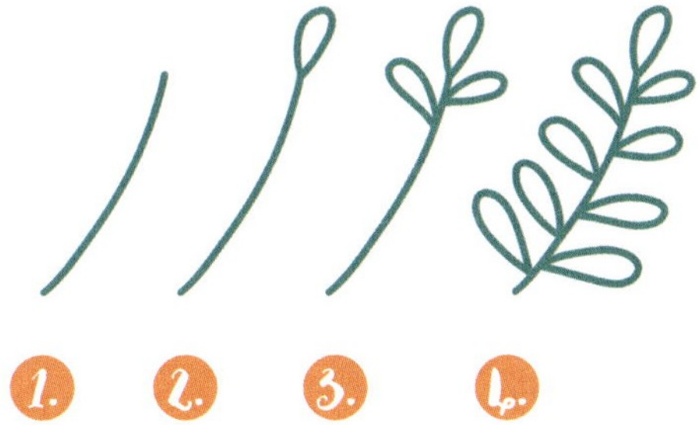

1. 2. 3. 4.

1. 2. 3.

1. 2. 3.

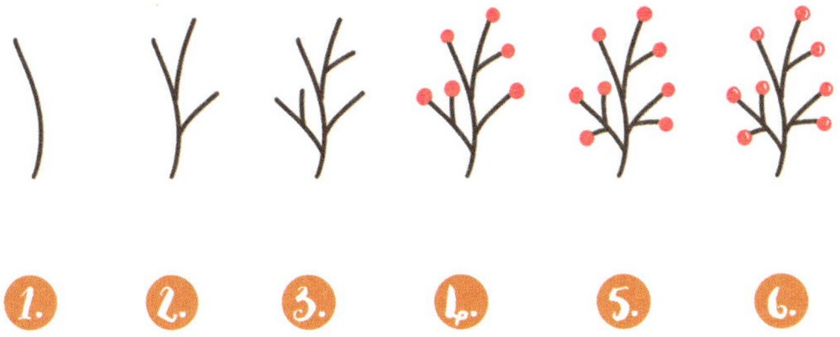

1. 2. 3. 4. 5. 6.

Zeichne die verschiedenen Blätter, Zweige und Beeren nach.

Einfache Blumen

Es gibt schlichte aber auch recht detailreich illustrierte Blumen. Glücklicher-
weise sehen auch die einfachsten Blumen wunderschön aus in Kombination
mit ein paar Blättern und/oder Zweigen. Für die farbliche Gestaltung eignen
sich Filzstifte gut, mit denen auch kleine Flächen schnell und einfach koloriert
werden können.

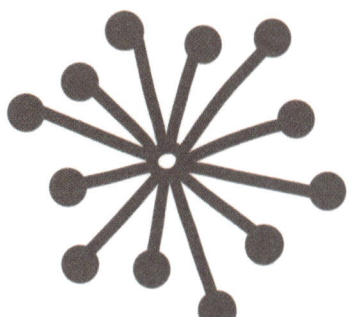

Bringe diese Seite zum Blühen, indem du erst die Beispiel-Blumen nachmalst
und anschließend noch weitere Blütenformen nach Lust und Laune ergänzt.

Blumen und Blätter kombinieren

Am Anfang ist es überschaubarer, wenn die einzelnen Elemente mit etwas Abstand zueinander gemalt werden. So kommt jedes zur Geltung und es bleibt übersichtlich.

Folgende Tipps können dir helfen, Blumen und Blätter besser in einer Kombination zu positionieren:

- Male deine Blumen verschieden groß (nur kleine Größenunterschiede).

- Variiere auch die Blattgrößen.

- Male Blätter nicht direkt an den Stängel, sondern gibt jedem Blatt einen kleinen Stiel.

- Wenn Blumen nebeneinander gemalt werden, dann ordne diese im Zickzack an. Eine höher, die nächste etwas tiefer.

- Versuche größere Lücken mit Blättern zu füllen und kleinere Lücken mit dekorativen Punkten. Diese wirken dann ähnlich wie Schleierkraut oder angedeutete Beeren.

- Setze Blumen und Blätter in kleinen Sträußen so zusammen, dass sie wie in einem Oval angeordnet sind: der Mitte längere Stiele, rechts und links kürzere Stiele.

Male die Blumen und Blätter farbig aus und ziehe die Worte mit einem schwarzem Brush Pen nach. Jetzt kannst du das florale Lettering als Postkarte ausschneiden und an einen lieben Menschen z. B. zum Geburtstag verschicken.

Arbeite das Bild auf der unteren Seite mit farbigen Stiften nach und gestalte so
ein weiteres Lettering, das mit einfachen Blumen schön verziert ist.

Komplexere Blumen

Keine Sorge, auch komplexere Blumen sind recht einfach aufgebaut. Sie bedürfen nur ein wenig Übung. Überlege bei aufwendigeren Blumen vorab, was im Vordergrund stehen soll: die Blumen oder das Lettering? Wenn du z. B. nur ein Wort lettern und es verzieren möchtest, bietet sich ein üppigerer Blumenschmuck an.

Orientiere dich an den jeweils sieben Schritten, um die beiden Blütenansichten nachzuarbeiten. Ziehe die grauen Linien mit einem Filzstift nach und vervollständige die Blüten.

Rosen

Eine relativ einfache Art und Weise die Königin der Blumen zu zeichnen, zeige ich dir hier Schritt für Schritt. Du kannst die Rose von der Größe her variieren, indem du einfach mehr Rosenblätter hinzufügst oder welche weglässt.

1. Zeichne zuerst zwei ineinandergreifende Monde und male diese aus.

2. Als Nächstes zeichnest du mit einem kleinen Abstand zu den Monden zwei Bögen, die du versetzt anordnest. Generell solltest du versuchen, einen neuen Bogen immer an der Mitte eines vorangegangenen Blütenblattes ansetzen.

3. Die andere Seite des Blütenblattes zeichnest du wolkenartig. Anschließend malst du das Blatt dann aus.

4. Bei der nächsten Reihe setzt du wieder in der Mitte eines Blütenblattes an, kannst aber nicht einen fließenden Bogen zeichnen, sondern musst deine Linie etwas an die wolkige Form der vorangegangenen Blätterreihe anpassen. Danach die neuen Blattflächen wieder ausmalen.

5. Je nachdem, wie groß die Rose sein soll, kannst du weniger oder mehr Blütenblätter hinzufügen.

Eine schöne Variante: Male die verschiedenen Reihen der Rose mit immer heller werdenden Nuancen der gleichen Farbe aus. Das verleiht der Blüte mehr Tiefe.

Übe hier ein paar Rosen, indem du sie zuerst nachmalst und dann eigene kreierst.

Muttertagskarte

Hier zeige ich dir ein Beispiel, wie du die gelernte Rose für eine schöne Muttertagskarte einsetzen kannst. In diesem Fall wird die Mitte der Karte für den Text genutzt und die foralen Elemente füllen gegenüberliegende Ecken.

ALLES LIEBE ZUM Muttertag

Verziere die Karte, indem du jeweils drei Rosen in gegenüberliegende Ecken malst. Platziere jeweils eine größere Rose in die Mitte und zwei kleinere an ihre Seite. Füge zum Schluss noch ein paar Blätter und Punkte hinzu, um das Design abzurunden. Schneide die Karte gerne aus und verschenke sie.

Neben Blumen und Blättern gehören auch Sukkulenten zu den beliebten floralen Motiven für Illustrationen. Diese dickblättrigen Pflanzen zeigen sich in unzähligen Varianten, wozu auch die bekannten Kakteen gehören. Versuche diesen sternenförmigen Vertreter mithilfe der gezeigten Schritte nachzuzeichnen.

Florale Kränze

Kränze oder Ranken können wunderbar eingesetzt werden, um deinen Letterings einen hübschen Rahmen zu geben. Auf den ersten Blick wirken sie sehr komplex. Wie und wo fängt man mit so einem Kranz an? Hier zeige ich es dir Schritt für Schritt:

1. Zur Orientierung hilft es, wenn du einen perfekten Kreis als Vorlage malst. Suche dir hierfür ein rundes Objekt, wie z. B. ein Glas oder eine Schüssel, und ziehe drum herum eine feine Bleistiftlinie.

3. Die Blumenstiele und Blätter sind als Nächstes dran. Danach kannst du auch noch weitere Arten von Blättern oder Zweige hinzufügen. Verteile sie aber gleichmäßig um den ganzen Kranz.

2. Male die größeren Dinge zuerst. Wenn im Kranz z. B. Blumen vorkommen sollen, dann malst du diese zuerst. Verteile sie auf dem Kreis und male sie teilweise etwas links von der Linie und mal etwas rechts davon.

4. Um kleinere Lücken zu füllen, eignen sich kleine Beerenzweige oder dekorative Punkte. Platziere diese auf der Außen- und Innenseite des Kranzes.

Ziehe jeweils das Lettering nach und arbeite den Kranz und die Ranken farbig aus. Du kannst anschließend die beiden Klappkarten an dem äußeren Rand ausschneiden, an der gestrichelten Linie auseinanderschneiden und jeweils an der senkrechten Linie falten. Mit einem lieben Text versehen ist es eine schöne Art „Danke" zu sagen.

Ziehe die grauen Linien der verschiedenen Kränze nach und denke dir für den vierten Kranz eine eigene Gestaltung aus. Ergänze auch noch jeweils ein Lettering in die Kreisflächen. Du kannst die ungefüllten Elemente, wie die Blätter, gerne noch kolorieren.

Großer Blumenkranz

Einen Kranz kannst du auch so beginnen, indem du einen Bleistiftkreis mit einem Zirkel ziehst und dann mit einem Filzstift eine Schlängellinie über die Kante zeichnest. An dieser Schlängellinie lassen sich dann Blätter, Zweige und Beeren in kleinen wiederholenden „Päckchen" nacheinander anordnen. Die Schlängellinie bewirkt dabei, dass der Kranz etwas organischer oder natürlicher aussieht.

Um die einzelnen Elemente etwas gleichmäßiger am Kranz zu verteilen, bietet sich eine abwechselnde Anordnung der einzelnen Teile an. Demnach platzierst du z. B. die Beeren zuerst auf der Innenseite des Kranzes und beim nächsten Mal auf der Außenseite. So entsteht ein ausgewogenes Gesamtbild.

Zeichne den Kranz auf der unteren Seite weiter und lettere danach etwas in die Kranzmitte. Wenn du magst, kannst du die Blätter und Beeren auch noch kolorieren. Herausgetrennt und gerahmt lässt sich dieses Bild dann auch schön verschenken.

Buchstaben verzieren A–P

Beim Handlettering werden verschiedene Schriftarten benutzt, um Kontraste und Abwechslung in einem geletterten Spruch zu schaffen. Schriften, die z. B. breite Abstriche haben, bieten Flächen, die noch schön verziert werden können. Du kannst mit einem hellen Gelstift schwarze Buchstabenflächen z. B. mit kleinen Mustern versehen oder auch ungefüllte Buchstaben mit schwarzen oder bunten Verzierungen gestalten.

Auf der unteren Seite findest du einfache und geschwungene Brush Lettering-Buchstaben. Übertrage die jeweiligen Verzierungen auf die Buchstabenflächen.

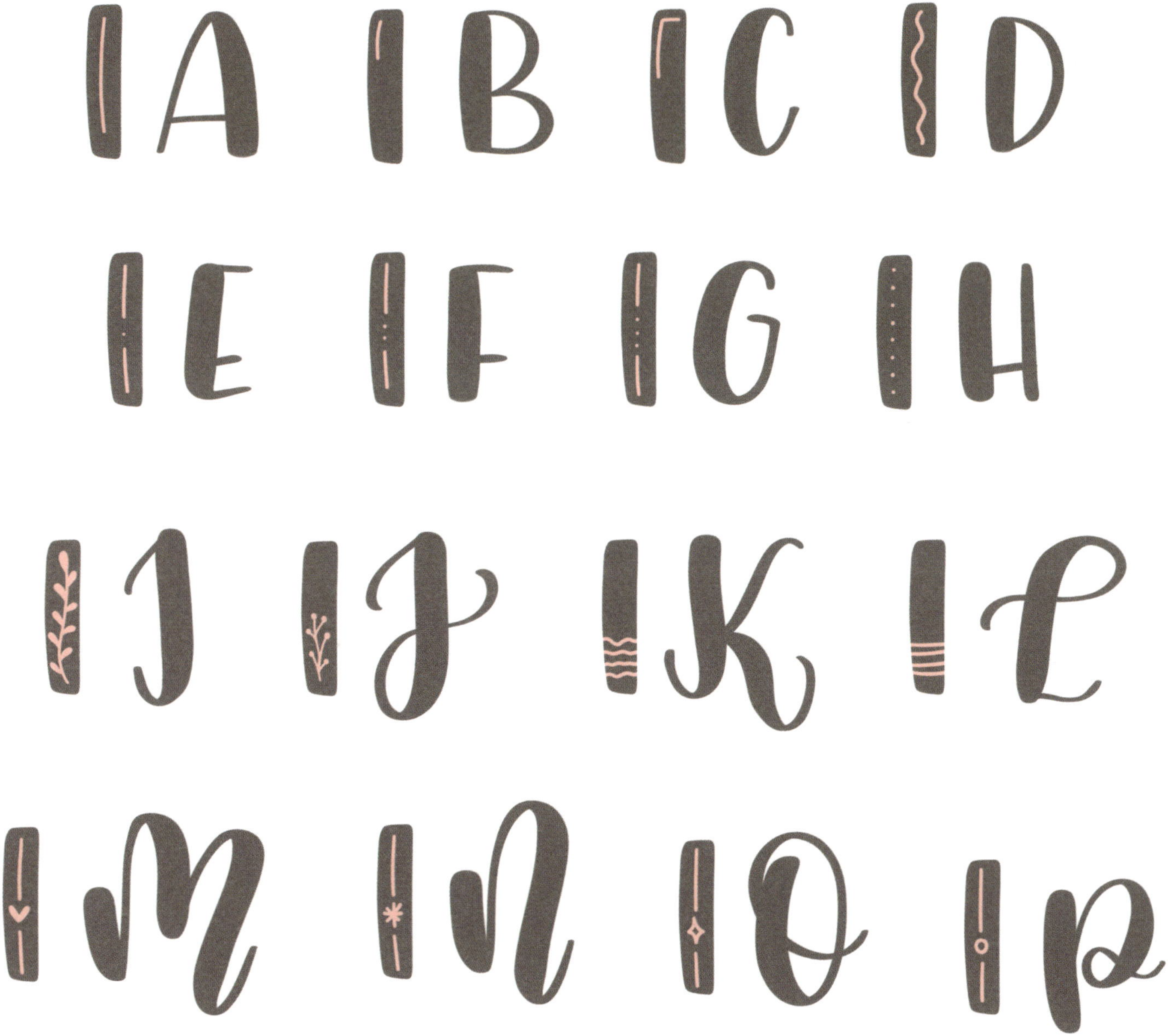

A B C D

E F G H

I J K L

M N O P

Buchstaben verzieren
Q–Z & Worte

Bei den Buchstaben, die ungefüllt sind, kannst du zum Ausmalen oder
Verzieren auch Buntstifte oder farbige Filzstifte verwenden.

Q R S T

U V W X Y Z

FERIEN *Welcome*

Ziehe zunächst die Linien der Buchstaben nach und fülle sie mit den verschiedenen Verzierungen. Schmücke danach die ganzen Worte. Denke dir hierfür auch gerne weitere Verzierungen aus.

Freunde sind wie Blumen

Wähle für jedes Wort eine bestimmte Verzierung und wende sie an jedem Buchstaben eines Wortes an. Nimm hierfür am besten einen hellen Gelstift. Du kannst dir für das Lettering auf der unteren Seite also drei verschiedene Schmuckelemente zur Dekoration aussuchen. Überlege dabei, welche Verzierung vom Sinn her am besten zum Wort passen würde. Bei dem Wort „Love" z. B. bieten sich Herzchen an, bei „Urlaub" erinnern Wellenlinien ans Meer.

LOVE

URLAUB

Freunde
SIND WIE
BLUMEN
IM GARTEN
des Lebens

Dekorative Lesezeichen

Ein selbst gestaltetes Lesezeichen ist ein hübsches kleines individuelles Geschenk für Freunde und Familie. Wenn dein Lettering komplett aus einer Schriftart besteht, kannst du entweder in alle Buchstaben das gleiche Design zeichnen (z. B. mittig verlaufende, weiße Linien) oder du arbeitest mit zwei verschiedenen Elementen und setzt diese abwechselnd ein (z. B. jede zweite Zeile bekommt mittig verlaufende, weiße Linien).

Verziere die Lesezeichen auf der unteren Seite auch mit Ecken, Rahmen, Blumen, Schatten usw. Schneide sie dann aus, laminiere sie und stanze das Loch mit einem Locher aus. Fädel zum Schluss noch ein schmales Band durch das Loch und knote es zusammen. Fertig!

All you need is a good book

Hier, GEHT'S WEITER

Noch EIN Kapitel

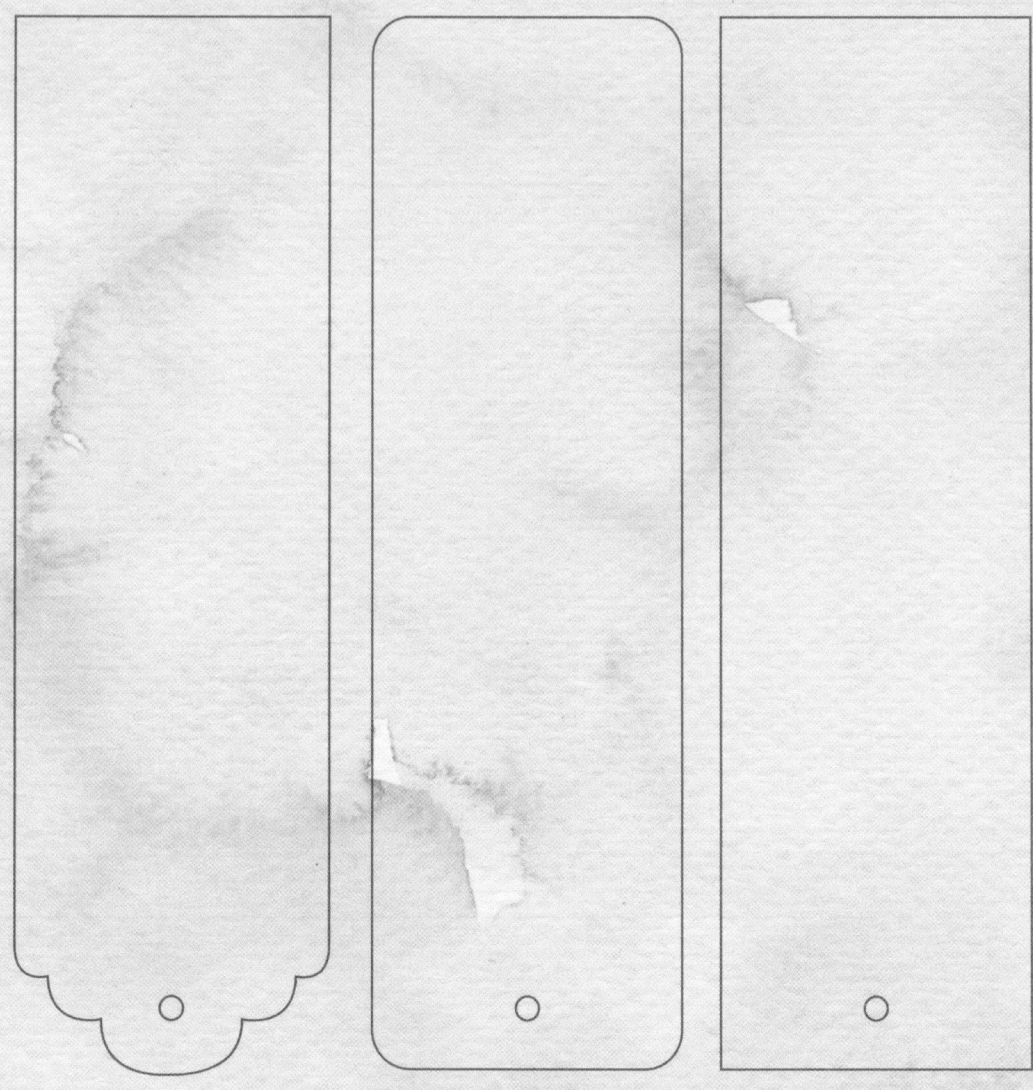

Auf der unteren Seite hast du die Möglichkeit, einige der schön geübten
Schmuckelemente anzuwenden: Ziehe die Worte nach, ersetze das „O" von
„Zitrone" mit einer Zitronen-Illustration, koloriere die Banner und schreibe die
Worte mit weißem Gelstift darüber. Zum Schluss verzierst du die Ecken mit
Blättern und ziehst ein paar Linien, um einen Rahmen anzudeuten.

WENN DIR

das Leben

ZITRONEN

GIBT, MACH

Limonade

DRAUS

Illustrationen

Zu Schmuckelementen gehören natürlich auch kleine Illustrationen, die passend zum Lettering ausgewählt und platziert, sehr reizvoll und aufwertend wirken. Aber wie bringt man sie mit einem Lettering zusammen? Wie viele Illustrationen sollte oder kann man zum Verzieren eines Letterings benutzen? Und wo platziert man sie am besten?

Um dir bei diesen Fragen zu helfen, habe ich ein paar kleine Layouts gestaltet mit rosa markierten Flächen, die anzeigen sollen, wo die Illustrationen platziert werden können. Einige Layouts bieten sich an für eine geringe Anzahl von Illustrationen und andere auch für mehrere.

Illustrationen platzieren: Variante 1

Bei der ersten Variante sind die Motive unterhalb des Letterings gesetzt. Generell sollten Illustrationen in einem Lettering aus demselben Themenbereich kommen (z. B. beim Thema Herbst: Wind, Herbstblätter und Drachen) und so ausgesucht werden, dass du ein oder zwei große Illustrationen mit einer kleineren Illustration bzw. einem Füllelement kombinierst.

ES IST KÜRBIS ZEIT

Ziehe das Lettering mit Filzstift nach. Ergänze die Illustrationen unterhalb des Textes und koloriere sie.

Illustrationen platzieren: Variante 2

Bei Variante 2 stehen die Schmuckelemente (Illustrationen) in direkter Verbindung mit der oberen Kante des Layouts oder in diesem Fall mit der oberen Kante der querliegenden Karte. Hier bieten sich hängende Elemente an, wie z. B. eine Wimpelkette für eine Geburtstagskarte oder Christbaumkugeln für Weihnachtskarten.

Ergänze den festlichen Baumschmuck im oderen Bereich der Karte. Je nachdem, wie dick die Tannennadeln sein dürfen, kannst du einen Filzstift oder Fineliner verwenden. Die flächigen Kugeln lassen sich gut mit einem Filzstift kolorieren.

Tipp

Du kannst die Kugeln mit etwas aufgeklebten Glitzer so richtig schön zum Funkeln bringen. Wenn du die Karte dann an der gestrichelten Linie abschneidest, lässt sie sich wunderbar in einem Umschlag der Größe DIN lang als Weihnachtspost verschicken.

frohes Fest

Illustrationen platzieren: Variante 3

Bei dieser Variante füllen Schmuckelemente den leeren Raum, der rechts und links von einem geletterten Wort entsteht, wenn die zweite Zeile des Letterings länger ist als die erste. Das kommt recht häufig vor: Happy Birthday, Frohe Weihnachten, Zum Geburtstag … In diesen Fällen ist das zweite Wort immer länger und bietet daher in der ersten Zeile Raum zum Verzieren. Nutze die folgenden Illustrationen, um die „Einladung zur Party" auf der unteren Seite zu schmücken.

EINLADUNG ZUR PARTY

Ziehe die Verzierungen auf der linken Seite nach und ergänze dann das Design gespiegelt auf der rechten Seite.

Illustrationen platzieren: Variante 4

Diese Variante der Platzierung von Schmuckelementen kennst du bereits. Es sind die Ecken! Nur füllst du die Ecken nicht mit Bögen und Tropfen, sondern mit den folgenden kleinen Frühlings-Illustrationen oder mit eigenen Motiven, die dir zu diesem jahreszeitlichen Thema einfallen.

ENDLICH IST DER Frühling DA!

Illustrationen platzieren: Variante 5

Diese Variante ähnelt der Variante 3. Der Unterschied ist, dass die Schmuckelemente nun diagonal angeordnet werden. Bedenke beim Aussuchen deiner Motive also, dass sich einige hierfür weniger gut eignen, da sie teilweise über Kopf stehen werden. Bei Blumen ist das kein Problem, aber umgekehrte Luftballons würden hier fehl am Platz aussehen.

Jetzt bist du dran auf der unteren Seite. Du bekommst als Vorlage nur das Lettering und darfst dir selbst von den nachfolgenden Illustrationen ein oder zwei größere und eine kleinere Illustration zum Kombinieren aussuchen. Was natürlich auch funktioniert, ist, dass du z. B. den Drachen oben rechts als großes Element verwendest und unten links z. B. den Pilz oder den Apfel.

DER

Herbst

IST DA

Illustrationen platzieren: Variante 6

Manchmal bietet es sich auch an, sein Lettering mit einer Illustration zu verschmelzen. Bei diesem Design wird das Lettering zuerst geschrieben und dann die Torte darum herum gestaltet.

Fahre das Lettering mit einem schwarzen Brush Pen nach. Gestalte dann die Geburtstagstorte mit farbigen Filzstiften. Anschließend kannst du die Karte ausschneiden und verschicken.

Gestalte das Lettering und die Schmuckelemente auf der unteren Seite mit verschiedenen Farben.

Briefumschläge verzieren

Seit es Handlettering gibt, werden nicht nur Karten mit Letterings und Schmuckelementen gestaltet, sondern auch Briefumschläge können sehr ansprechend verziert werden.

Zeichne dir hierfür mit Bleistift ein Rechteck vor, in das die Adresse geschrieben wird, und gestalte dann mit Fineliner oder Filzstift Blätter, Zweige und Beeren von der Bleistiftkante ausgehend nach außen. Denke aber unbedingt daran, noch etwas Platz für die Briefmarke zu lassen.

A. Müller
WEINSTR. 26
67098 BAD DÜRKHEIM

Und ab geht die Post! Hier kannst du erst mal üben, bevor es an den richtigen Umschlag geht. Ziehe die Schmuckelemente mit einem Fineliner nach und lettere die Adresse in das freie Feld. Wenn Du magst, kannst du die floralen Elemente auch noch farbig ausmalen.

Illustrationen – Jahreszeiten & Anlässe

Nutze diese Doppelseite, um verschiedene Illustrationen, die du zum Verzieren von Letterings verwenden kannst, zu üben. Fahre dafür einfach wieder die grauen Linien nach. Setze auch gerne Farben ein, um die Motive weiter auszugestalten.

Schmuckelemente mal ganz groß

Wie ich anfangs schon erwähnte, ist weniger manchmal mehr. Oft sucht man sich die Schmuckelemente so aus, dass sie zum Lettering passen. Man kann es aber auch umgekehrt machen, sodass die Illustration im Vordergrund steht und dazu ein oder zwei passende Worte gelettert werden.

Fahre auf der unteren Seite den Kaktus und das Faux Calligraphy-Lettering mit einem feinen Brush Pen nach. Du kannst die Seite dann gerne heraustrennen und rahmen – entweder das Kaktusbild oder alternativ auch die Rückseite mit dem „Home"-Lettering.

Weitere Informationen zu der Autorin
und ihrer Arbeit findest du hier:
www.ruthlangedesign.de
www.instagram.com/ruthlangedesign/

Foto-Aktion
#TOPPlettering

Poste dein TOPPlettering-
Kunstwerk! Einfach Schnapp-
schuss machen, Foto mit dem
Hashtag #TOPPlettering versehen & bei Instagram, Facebook
oder Twitter posten. Wir freuen
uns auf dein Lettering!

Impressum

TEXTE, ILLUSTRATIONEN UND LETTERINGS: Ruth C. Lange
PRODUKTMANAGEMENT UND LEKTORAT: Nicole Mering
COVERGESTALTUNG: Sandra Preinl
LAYOUT UND SATZ: Arnold & Domnick, Leipzig
DRUCK UND BINDUNG: Drukarnia Interak Sp. z o.o.

2. Auflage 2020
© 2020 frechverlag GmbH, Turbinenstr. 7, 70499 Stuttgart
ISBN 978-3-7724-8397-4 • Best.-Nr. 8397

KREATIV-HOTLINE

Hilfestellung zu allen Fragen, die Materialien und
Bastelbücher betreffen: Frau Erika Noll berät Sie.

Rufen Sie an oder schreiben Sie eine E-Mail!

Telefon: 05052 / 911858*
E-Mail: mail@kreativ-service.info
*normale Telefongebühren

TOPP

GLEICH AUSPROBIEREN!

Dieser praktische Quick-Start-Block macht den Einstieg in die Welt der Schmuckelemente ganz leicht. Auf anschauliche Theorie folgt sofortige Praxis: Erst wird alles Wichtige zu den verschiedenen Arten von Schmuckelementen kurz erklärt und kann dann direkt im Buch umgesetzt werden. Denn hier heißt die Devise: Übung macht den Meister. Ob schwungvolle Banner, dekorative Rahmen & Kränze oder abwechslungsreiche Illustrationen für verschiedene Anlässe und Jahreszeiten – die schmückenden Elemente sind das i-Tüpfelchen für jedes Lettering. Zusätzlich laden Lesezeichen, Postkarten, Anhänger und Co. dazu ein, individuell verziert zu werden. Dank praktischer Klebebindung lassen sich alle Motive leicht heraustrennen und weiterverarbeiten. Dieses praxisorientierte Grundlagenbuch ist das Richtige für jeden, der sofort starten will.

ISBN 978-3-7724-8397-4

9 783772 483974

€ 9,99(D)   € 10,30(A)

www.topp-kreativ.de

TOPP 8397